Bibliografische Information der Deutschen Nationalbibliothek:

Die Deutsche Bibliothek verzeichnet diese Publikation in der Deutschen National-
bibliografie; detaillierte bibliografische Daten sind im Internet über http://dnb.d-
nb.de/ abrufbar.

Impressum:

Copyright © 2017 GRIN Verlag
Druck und Bindung: Books on Demand GmbH, Norderstedt Germany
ISBN: 9783668713260

Dieses Buch bei GRIN:

https://www.grin.com/document/427225

Edwin Giebelhaus

Aus der Reihe: e-fellows.net stipendiaten-wissen

e-fellows.net (Hrsg.)

Band 2758

Wie weit darf Kunst gehen? Tiere töten für einen höheren Zweck?

Am Beispiel Hermann Nitsch - Wiener Aktionismus

GRIN Verlag

Karlshochschule International University

Wie weit darf Kunst gehen? Tiere töten für einen höheren Zweck?

Am Beispiel Herrmann Nitsch – Wiener Aktionismus

6.1.1 Einführung in Kunst- und Kulturmanagement

Wintersemester 2017/2018

Edwin Giebelhaus

Wie weit Kunst gehen darf ist eine Frage, die sicher schon häufig gestellt wurde. Es kursieren viele Meinungen über dieses Thema, doch eine endgültige Antwort kann weder ich, noch jemand anderes geben. Diese Frage hat viel mit Ethik und Moral zu tun und kann daher vielseitig interpretiert und ausgelegt werden. Um nicht die volle Komplexität betrachten zu müssen, fokussiere ich mich auf nur einen Künstler: Hermann Nitsch.

Wer sich ein wenig mit dem Wiener Aktionismus auseinandergesetzt hat, ist wahrscheinlich schon einmal über den Namen Hermann Nitsch gestolpert. Mit dem „Orgien-Mysterien-Theater" oder dem „6-Tage-Spiel" erreichte Nitsch große Bekannt. Seine Gesamtkunstwerke sollen alle Sinne ansprechen und sind geprägt von tierischem Blut, Organen, Kadavern, (Opfer-)Ritualen, Liturgie, Religionen, Wiedergeburt und so weiter.

Ein Thema für ein Essay zu finden fiel mir nicht ganz so leicht. Wenn man aus einem scheinbar unendlichen Pool von Themen wählen kann, liegt Überforderung nicht weit entfernt. Durch Zufall kam ich jedoch mit einem Kunststudenten ins Gespräch und dieses verlief von allgemeinen Themen bis hin zu extremen Künstlern/Kunstrichtungen, wie zum Beispiel Hermann Nitsch. Bis zu diesem Zeitpunkt war mir nicht bewusst, dass solch eine Kunstrichtung existiert und sogar renommiert wird. Mein Interesse wurde durch Entsetzung und doch einem Hauch von Neugier geweckt. Des Weiteren habe ich mich schon privat viel mit Ethik und Moral über das Töten von Tieren beschäftigt. Nach Wissensbeschaffung und Selbstreflexionen kam ich zu dem Schluss Fleisch und jeglichen anderen tierischen Produkten den Rücken zuzukehren: Ich werde vegan! Mit diesem Essay und der Fragestellung möchte ich auch mehr über mich herausfinden, da ich den künstlerischen Aspekt von dieser Thematik noch nie betrachtet habe.

Wie vorhin schon erwähnt, sind die Werke von Nitsch etwas extremer und nicht leicht zugänglich. Es gibt viele Interpretationsmöglichkeiten, wie zum Beispiel den der Religion und Wiedergeburt, doch ich möchte mich nur auf den Aspekt der Tiere in seinen Werken beschäftigen. Der Wiener Aktionismus möchte Problematiken ansprechen, welche heimlich geschehen, und somit eine Änderung im Denken und Handeln der Menschen erreichen. Hermann Nitsch sagte selbst, dass "er doch nur das bewusst zu machen versuche, was in den Schlachthäusern, versteckt von der Öffentlichkeit, andauernd geschehe" (Landa 1998, Tiere der Kunst oder Kunst den Tieren opfern?). Damit ist die

Tabuisierung der Tötung und die direkte Auseinandersetzung mit Fleisch gemeint. Das Töten und zerlegen der Tiere wird von Schlächtern übernommen, wodurch wir als Konsequenz den Bezug zum tatsächlichen „Produkt" verlieren, wenn wir das sauber verpackte Fleisch im Supermarkt sehen. Nitsch bezeichnet sich selbst als Tierschützer[1] und behauptet, dass er Tiere liebe. 98% der Tiere, die er in seinen Werken verwendet, sind vom Metzger oder Schlachthaus gekauft[2]. In den anderen 2% wurden Tiere gekauft, welche ohnehin geschlachtet werden sollten. Behauptet wird, dass die Tiere zuvor schon von der Gesellschaft zur Nahrungsaufnahme getötet worden seien. Das verwendete Fleisch sollte seiner Meinung nach auch verzehrt werden, insofern die Gesundheits- und Sicherheitsvorschriften erfüllt werden können. Damit würde sichergestellt werden, dass das verwendete Fleisch noch seiner ursprünglichen Funktion gerecht wurde.

Im Grunde genommen behauptet Nitsch, dass er mit seinen Performances Leute zum Nachdenken bringen, also auf das Leid der Lebewesen aufmerksam machen, möchte. Die verwendeten Tiere waren ohnehin schon zum Tode verurteilt und verschwendet wird auch nichts, da das Fleisch im Nachhinein gegessen wird.

Eine Vielzahl von Menschen hat sich über seine Aktionen mehr als nur aufgeregt, er bekam sogar Morddrohungen[3]. Wenn sich Männer und Frauen im Blut und Gedärm eines Schweines wälzen, wie in Ekstase singen, einer Frau mit verbundenen Augen am Kreuz Blut eingeflößt wird, ist es kein Wunder, dass bei solchen provokanten Auftritten Politiker, Umweltschützer und Theologen in Rage geraten. Wenn man Nitsch seine Aussagen glaubt, möchte er ja nur auf die Tötung der Tiere aufmerksam machen, damit wäre der Aufruhr der Umweltschützer unbegründet. Immerhin versucht er ja dasselbe wie sie, nur mit anderen, drastischeren Mitteln. Sollten sich außenstehende Leute, die nichts mit dem Künstler oder der Kunstart zu tun haben, über all dies beschweren, könnte man ihnen vorwerfen selbst nicht besser zu sein. Falls diese nämlich keine Vegetarier/Veganer sind, oder ihr Fleisch aus humanen Einrichtungen beziehen, wird etwas genauso Grausames erledigt und unterstützt. Der Unterschied dazwischen ist nur, dass Nitsch es in der Öffentlichkeit macht. All der Horror,

---

[1] Vgl. dpa 2016
[2] Vgl. Schultejans 2018
[3] Vgl. Mehlig 2016

der hinter dem abgepackten Billigfleisch steckt wird nicht berücksichtigt oder gar verdrängt. Ist das nicht fast schon schlimmer? Was ebenso interessant und verwunderlich zugleich ist, ist die Unterscheidung, wann die Tötung von Tieren erlaubt und wann nicht erlaubt ist. So darf man zum Beispiel ein Tier zum Verzehr töten und dies wird auch als legitim angesehen. Doch als Tiere getötet werden sollten, um sie als Requisiten zu verwenden, wurde es untersagt[4], obwohl die Tiere danach ebenso gegessen werden sollten. Mir stellt sich hier die Frage, wer darüber entscheidet, was von den beiden Sachen in Ordnung ist und was nicht.

Es ist klar, dass die Verbesserung der tierischen Lebensumstände nicht der Beweggrund Nitsches ist seine Werke zu vollziehen, aber zumindest ein kleiner Aspekt davon. Nachdem ich mir jedoch eigene seiner Interviews durchgelesen habe, finde ich widersprüchliche Aussagen. In einem Interview[5] antwortet er auf die Frage, ob er Leute, die ihm Blasphemie vorwerfen, oder Tierschützer weniger mag. In seiner Antwort bezeichnet er sich selbst als Tierschützer und erwähnt seine Liebe zu Tieren, sowie zu ihren Gedärmen, deren rohen Fleisch und Kadavern. Außerdem macht Nitsch die Aussage mit der Tierliebe erst, nachdem er Morddrohungen bekommen hatte. Dies lässt den Eindruck erwecken, dass er die Sympathie der Tierschützer gewinnen möchte, auch wenn er dafür Aussagen macht, die nicht seiner tatsächlichen Denkweise entsprechen. Vielleicht verwendet er diese Argumentation auch nur als Ausrede, um seine obskuren Akte legitimer zu gestalten. An sich gesehen ist das Verhältnis zwischen den beiden Formen der Liebe etwas widersprüchlich, doch ein totes Tier zu verwenden um auf das Elend anderer aufmerksam zu machen erscheint mir doch etwas blasphemisch. Natürlich kann man argumentieren, dass nur unter der Verwendung von echten Tieren, deren Geruch und alles was dazugehört, diese einzigartige Stimmung erschaffen werden kann, doch ist es möglich dies als sogenannter Tierfreund und Tierschützer, wie er sich selbst bezeichnet, mit sich selbst zu vereinbaren? „Aber hat das hemmungslose Ausagieren von Gewalt jemals zu Heilung geführt? Genauso wenig wie die Menschen durch Krieg, werden sie sich durch Teilnahme an einem Orgienspektakel bessern." (Landa 1998, Tiere der Kunst oder Kunst den Tieren opfern?). Nitsch wurde sogar schon einmal mit einer recht guten

---

[4] Vgl. APA/her 2013
[5] Vgl. Landa 1998

Argumentationsweise[6] vorgeschlagen, den verwendeten Ochsen nicht zu töten,
doch dieser kam nicht gut an. Es wurde gesagt, dass der Stier die tierischen
Eigenschaften im Menschen verkörpert, welche auf Dauer nicht unterdrückt
werden können. Sie meinten, ob es nicht weise wäre, die Tiere dann am Leben
zu lassen. Die von Nitsch erwähnte Wiedergeburt sei nicht so real wie die
Tötung. So gesehen handele es sich nicht um das Erleben des Mysteriums Tod
und Auferstehung, sondern um ein bloßes Orgien-Spektakel. Man muss
gestehen, dass die Seite des Interviewers etwas radikaler eingestellt ist.
Verständlich ist deren Sichtweise, doch ebenso die von Nitsch. Wenn jemand
einem vorschreibt, wie man sein Lebenswerk zu gestalten hat, würden viele mit
Entsetzen reagieren. Nitsch meinte selbst, dass seine Aktionen abändern, oder
gar loszulassen, wie Sterben sei.
Nach wie vor ist es schwierig die Fragestellung des Essays zu beantworten.
Generell würde ich sagen, dass Kunst ein wenig Freiheit braucht, damit sie sich
entfalten kann. Dennoch braucht es Grenzen, die von Kultur oder Staat
festgelegt sind, welche entscheiden, was ethisch nicht vertretbar sind. Oftmals
entstand Kunst auch nur auf Grund von Unterdrückung irgendwelcher Rechte,
also als Gegenbewegung.
Meine Meinung ist hier etwas zwiegespalten: Ich würde meine Ethik als
physiozentrisch[7] bezeichnen, und von dem Standpunkt aus kann ich die Akte der
Tötung selbst nicht für die der Kunst akzeptieren. Ich würde behaupten, dass es
genügend andere Wege und Mittel gibt, wodurch man sich selbst ausdrücken
kann, ohne das anderen Wesen Leid zugeführt, oder gar das Leben zu nehmen.
Auf der anderen Seite könnte man argumentieren, dass die Tiere in Nitsches
Werken einen höheren Tod gestorben sind. Ist der Tod eines Lebewesens
vertretbar, wenn dadurch eventuell weniger getötet werden? Der Utilitarismus
bestärkt diese These nur. Das Gruppenglück der dadurch weniger getöteten
Tiere ist quantitativ größer und demnach bedeutender als das Leben der wenigen
Vereinzelnden, in den Werken ihr Leben lassen mussten. Des Weiteren gibt es
für mich wichtigere Themen, auf dein man seinen Fokus setzen sollte. Es
geschehen grausamere Dinge, bei denen tausende von Lebewesen, abseits der
öffentlichen Wahrnehmung, umkommen. Nur weil Nitsch all dies in der

---

[6] Vgl. Landa 1998
[7] physiozentrische Ethik verlangt bei Einnahme des objektiven Standpunktes der Moral auch
das Wohl der außermenschlichen Natur miteinzubeziehen   (Fenner 2013, S. 161)

Öffentlichkeit macht, ist das Drama groß und Tierschützer springen förmlich an die Decke. Natürlich ist es nachvollziehbar, dass Nitsch seine Aktionen auf Protest stoßen werden, doch ihn zum Stoppen zu bewegen wird keinen großen Einfluss auf die Misshandlung von Tieren haben. Nicht zu vergessen ist, dass vielleicht auch Leute auf die missliche Lage der Lebewesen aufmerksam werden und selbst etwas dagegen unternehmen wollen oder weniger bis gar kein Fleisch mehr essen möchten. Erwähnenswert ist ein Zitat von Nitsch, in dem er sagte: „I don't know what is bad or what is good." (Convery 2002, Hermann Nitsch: I show everything that is … I don't know what is bad or good). Wage interpretiert könnte dies als Erklärung für die Überschreitung der Tabus verwendet werden. Er kann nicht sagen, ob das Töten von Tieren gut oder schlecht ist, weder ob seine anderen Taten dies sind.

Man kann erkennen, dass in den Aussagen, bezogen zu den Tieren, nicht alle sehr authentisch sind. Dass er Tiere liebt kann man ihm glauben, doch sie spielt sich auf einer ganz anderen Ebene ab. Zu entschieden, ob all das nun legitim ist, bleibt jedem selbst überlassen, doch falls jemand dies als unmenschlich betrachtet, sollte man zuvor vielleicht einen Blick auf andere Extremsituationen werfen.

In meiner Utopie ist die physiozentrische Ethik und der Pathozentrismus[8] etabliert. Weder in Kunst, noch im alltäglichen Leben (insofern Kunst nicht zum Alltag gehört), wird Gewalt oder Leid zugeführt. Man muss nicht durch Kunst auf Misshandlung anderer Lebewesen aufmerksam machen, wenn keine vorherrscht. Für die Künstler sollte es dennoch genügend Freiraum geben sich entfalten zu können, vielleicht nur in eine harmonischere Richtung. Sollte einem die harmonische Richtung nicht gefallen, kann sicher einen anderen Weg finden, bei dem man sich vielleicht nicht unbedingt in Blut und Organen von anderen Lebewesen wälzen muss.

---

[8] Ethischer Ansatz, bei dem allen empfindungsfähigen Wesen ein moralischer Eigenwert zugesprochen wird

Literaturverzeichnis

Borgards, R. (2016): Tiere. Stuttgart: Springer-Verlag

Convery, C. (2002): Herrmann Nitsch: I show everything that is … I don't know what is bad or good. [Online-Artikel, verfügbar unter https://www.theguardian.com/culture/2017/jun/17/hermann-nitsch-i-show-everything-that-is-i-dont-know-what-is-bad-or-good, Abruf am 11.01.2018]

dpa (2016): Herrmann Nitsch will bis zum letzten Atemzug weitermachen. [Online-Artikel, verfügbar unter https://www.monopol-magazin.de/hermann-nitsch-will-bis-zum-letzten-atemzug-weitermachen, Abruf am 11.01.2018]

dpa (2017): Australier laufen Sturm gegen Tier-Performance von Künstler Nitsch. [Online-Artikel, verfügbar unter https://www.monopol-magazin.de/australier-laufen-sturm-gegen-tier-performance-von-hermann-nitsch, Abruf am 11.01.2018]

Fenner, D. (2013): Was kann und darf Kunst?. o.O.: Campus Verlag

Landa, F. (1998): Tiere der Kunst oder Kunst den Tieren opfern?. [Online-Artikel, verfügbar unter http://vgt.at/presse/news/1998/news064.php, Abruf am 11.01.2018]

Mehlig, H. (2006): Schlachten, kreuzigen und schreien. [Online-Artikel, verfügbar unter https://www.stern.de/kultur/kunst/hermann--nitsch-retrospektive-schlachten--kreuzigen-und-schreien-3321750.html, Abruf am 11.01.2018]

o.V. (2013): Leiptziger Hermann-Nitsch-Aktion findet „zensuriert" statt. [Online-Artikel, verfügbar unter https://diepresse.com/home/kultur/kunst/1421368/Leipziger-HermannNitschAktion-findet-zensuriert-statt, Abruf am 11.01.2018]

Schultejans, B. (2011): Hermann Nitsch: «Ich will nicht schockieren». [Online-Artikel, verfügbar unter http://www.mittelbayerische.de/kultur-nachrichten/hermann-nitsch-ich-will-nicht-schockieren-21853-art678537.html, Abruf am 11.01.2018]

BEI GRIN MACHT SICH IHR WISSEN BEZAHLT

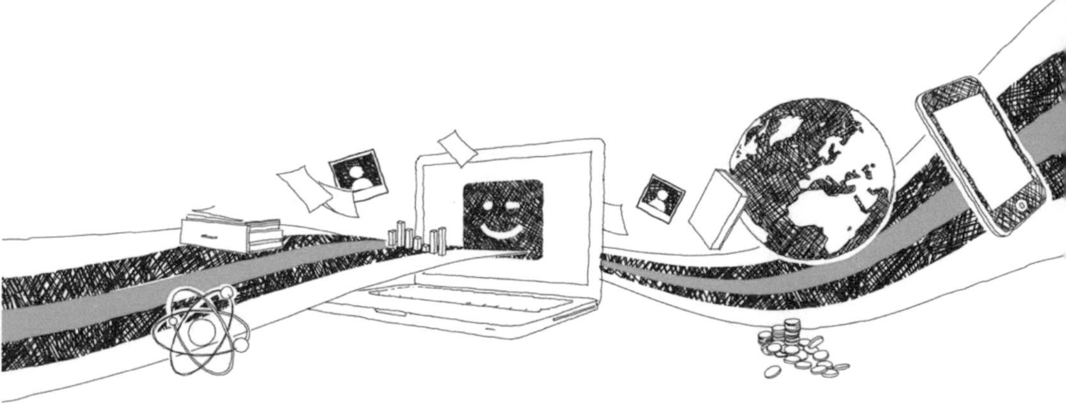

- Wir veröffentlichen Ihre Hausarbeit, Bachelor- und Masterarbeit

- Ihr eigenes eBook und Buch - weltweit in allen wichtigen Shops

- Verdienen Sie an jedem Verkauf

Jetzt bei www.GRIN.com hochladen und kostenlos publizieren

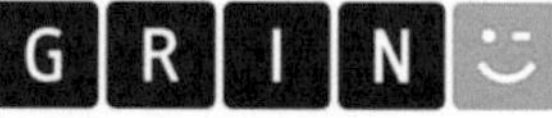